MIRACLE

OF

LIGHT

معجزه نور

Maryam Howe

First published in the United Kingdom in 2021 by

The Cloister House Press

ISBN 978-1-913460-43-3

Biography

Maryam is an Iranian artist. She was born and raised in Shiraz, the land of poetry. During her youth she regularly visited Hafez's tomb with her family, where poems are read as a tradition. This became a source of great inspiration. Her family developed a close connection with Isfahan, visiting relatives regularly; the city of some of the world's most famous landmarks in architecture and art. The close bond with these two major cultural cities in Iran, sparked the first inspirations in her childhood, developing a natural love for art and poetry.

Maryam spent her second decade in Tehran, the capital city of Iran, where she finished high school and obtained a Bachelor of Science degree in Civil Engineering. She continued higher education in England and for years she has worked as a professional Engineer.

From a young age Maryam played with poetic rhymes, mostly limited to imagination. Recently, she has started to commit these words to paper. "Miracle of Light", Maryam's first publication, is a collection of modern Persian poems inspired by Sufism, with English translation.

Cover image: **"The Absent Face" oil painting by Maryam Howe**

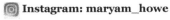 **Instagram: maryam_howe**

Dedicated to my brother Mehrdad and my sister Mehrnoosh, whose presence brought the most tranquil breeze of light to my journey.

Maryam, 2021

صلح

وقتی به دیدن من آمدی
یک شمع بیاور
که سیلاب تاریکی تنهایی را بدرود گوییم
بگذار ذرات طلایی ات را تا صبح نظاره کنم
و معجزه نور را تا ابد بخاطر بسپارم
می دانم آنسوی نیمرخ هر دو ما تاریک است
پس بیا تا صبح بر هم بتابیم
و نیمه های تاریک را به شب بسپاریم

Peace

When you meet me
Bring a candle
So together, we can say farewell to the flood of darkness

Let me gaze at your golden rays of light
All night long
And remember
The miracle of light

I know that the other side of both our profiles are dark
So let us shine on each other until dawn
And give away our darkness to night

آینه

نگاه کن
آینه هم
دیگر مرا
نمیبیند!
نگاه کن چگونه من
در بازتاب چشمانت
پروبال میزنم
چرا اما زدیده نهانم؟..

میشنوی؟
نیستی من را
آینه ها فریاد میزنند...

فریاد میزنند!

و من بیاد می آورم زمانی که خودرا
در دالان‌های کارزار زندگی جا گذاشتم ..

Mirror

Look!
Even the mirror
Does not see me anymore

Look how I am flapping my wings
In front of your very eyes
But why can't I see my reflection?

Do you hear?
All mirrors are screaming my lack of existence

Weeping…

And I remember the day I left myself behind,
In the corridors of the battle of life...

زخمهایم را دید

او امروز
در تاریکی‌های گورستان جوانیم
زخمهایم را دید
دردهایم را گریست
دستهایم را بوسید

زوال پوست و گوشت و استخوان
برای یک جنازه،
آغاز تحول ایست انکار ناپذیر
زخم های من بس عمیقند اما
دشنه اش هنوز آغشته است به خون غلیان
خونی که شعله اش در رگهایم
تمنای زندگی را فریادمیزند

زخمهایم را دید ، اما هیچگاه
هیچ زمان...
بانگ نگاهم را نشنید...

He Saw My Wounds

Today, amongst the graveyard of my youth
He saw my wounds
He cried out in my pain
He kissed my hands

For a corpse, decomposition of flesh
Is the beginning of an undeniable process

My wounds are so deep
Yet their dagger is covered in my gushing blood
The flames of my boiling blood yearn for life
From inside my veins

He saw my wounds, but
He never, ever
Heard the clamour of my glance...

The Waves of Life

I know of some people
Whose death is celebrated
Whilst they are still in their mother's womb

Those whose first tears are not understood
The humans who raise them
Are in fact killers in disguise, prisoners and murderers
Who make cages with their own hands
To trap the idea of flight... to start digging souls
That is the beginning of the denial of life

They deny the growth of green seeds in sunny fields
They do not see the pure ocean waves in innocent eyes
They ignore the beauty of blossoms
They do not hear the rhythm of rain drops
They never embrace the warm rays of sunlight with all their love

They are dead
They have been murdered in silence
And they continue to kill
Until these walking dead, become a hole
A hole made of a lack of existence
Time after time, they try to fill it with possessions

Various materials of different shapes and sizes
But each time it bursts
It just bursts into nothing

On the other hand
I know some people
Who are alive in a womb
As large as this universe

They are alive
They have risen from the dead
And they sing the song of light
Their breaths are filled with aromatic blossoms
Look! Spring has arrived.. Do you hear the waves of life?

امواج زندگی

من انسان‌هایی را میشناسم که در رحم مادر
برایشان آغاز مرگ را جشن میگیرند
آنان که از بدو تولد، اولین اشک‌هایشان را هیچکس نمیفهمد
نابود می‌کنند آغاز اعجاز وجود شان را قاتلان انسان نما
قاتلان زندانبان که قفسهایی را با دستان خویش میسازند
برای حبس پرواز
و آغاز حفاری روح
شروع انکار روییدن جوانه های سبز کوچک در دامان دشتهای آفتابی
ندیدن امواج زلال اقیانوس
در چشمان معصوم کودکان
ندیدن ضیافت گلهای باغچه
چشم بستن بر روییدن غنچه ها
نشنیدن نوای نم نم باران بهاری در آغوش خاک
آنها هرگز ذره ذره داغ آفتاب را با جان و دل به آغوش نکشیده اند
آنها مرده اند
آنها را کشته اند
آنها را میکشند
و هیچکس فریاد نمیزند
و آنها به کشتن ادامه میدهند
تا جایی که این مردگان متحرک
شوند فقدانی از جنس یک‌حفره بی انتها
که بارها پرش کرده اند
با انواع و اقسام اسباب
اسباب و لوازم و اجناس
هر بارمیترکد
میترکد!

و انسان‌هایی را میشناسم
که در رحمی به وسعت دنیا زنده اند
زنده شده اند
از بستر مرگ برخاسته اند و نوررا می سرایند
نفسهایشان آغشته است به بوی شکوفه های بهاری
وروحشان پر است ازنقش و نگارهای زلال و طلایی
نگاه کن بهاران است!
جوانه های کوچک ازدل مادر میرویند....صدای امواج زندگی را میشنوی؟

Spring

I have been pouring my pains into the goblet of Acacia blossoms
for years

I become ecstatic with the growth of apple blossoms
And I have danced with the newlywed cherry laurel hedges to the
spring breeze

For years, the orchids have been listening to my sorrow and
drowning it silently with a smile
The only cedar in the garden offers me his shadow kindly

The cheeky colourful violets call me out to the garden
Just like the days that I was only a child
And the aromatic petunias in grandmothers garden smelled of
heaven
The days the fig tree in the corner used to observe my childhood

How are the sane alive?

In a season where apple and peach trees show off their
blossoms
And the air is filled with the aroma of amin'adolah jasmine mixed
with moist soil

I greet my colourful violets every day
I cherish my cedar tree
And drunken from the aroma of orange blossoms
Every day I await the concert of canaries and skylarks in my
garden
To listen to them singing to the flowers, from dusk 'til dawn
Staring at orchids, enamels, narcissus and goldcups
Every day I fall in love
And every night, with the wish of one day joining the flowers
feast, I close my eyes

I believe in miracles

A miracle called spring

Come to me and hold me tight Zephyr wind
Fill the air with hyacinth's aroma, bring the spring

Take away this human made muddy swamp
And instead plant one thousand love blossoms

The lovers breaths are filled with aromatic jasmine
Why would I need wine since upon me is the spring

Cherish this fresh soil in this merry and prosperous Norooz
Cleanse your heart, say farewell to sorrow and set your lover's
heart on fire

بهار

سالهاست دردهایم را در جام غنچه های اقاقی ریخته ام
با رویش شکوفه های درخت سیب سرمست میشوم
و با خوشحالی شمشادهای نو عروس ،هنگام وزش نسیم بهاری، آرام رقصیده ام
سالهاست ارکیده ها،تمام غمهایم را گوش میکنند وبیصدا در لبخند شان محو میکنند
تک درخت سرو سایه اش را با مهربانی نصیبم میکند
و بنفشه های رنگارنگ با نگاه های شیطنت آمیز شان مرا به باغ می خوانند
درست مثل زمانی که کودکی بیش نبودم
و اطلسیهای باغچه مادربزرگ بوی بهشت میدادند
و درخت انجیر کنج باغ شاهد بازیگوشی های کودکانه ام بود
عاقلان فرزانه چطور زنده اند؟
وقتی که درختهای زرد آلو و سیب شکوفه های خود را به رخ می کشند
و عطر یاس امین الدوله
با خاک خیس در فضا
مدهوش میکند هر عاقلی را

من به بنفشه های هزار رنگم هر روز سلام میکنم
قدر سرو را میدانم
سرمست از عطر یاس و بویبهار نارنج
هر روز چشم انتظار قناریها وچکاوکهای باغ میما نم
که غروب تا سحر سفره دلشان را برای گلها پهن کنند
چشم هایم خیره به گلهای نرگس و رز ،مینا و ارکید وآلاله
هر روز با اینها عاشق میشوم
و با رویای شرکت درضیافت گلهای باغ ،شب هاراسحر کنم
من به معجزه اعتقاد دارم
معجزه ای از جنس بهار

ای بادصبا بیادر آغوشم خرامان ونرم نرمان
بیفشان عطر سنبل بوی سیب، بیاور نوبهاران
دل زرردی واین چرک ـ مرداب بشر زابزدا
وبه جایش یک هزاران غنچه عشق نشان

نفس ها مشک فشان ز عطریاس ومعشوق کنار
کنون سرمست کند بوی بهار، مرابامی چکار؟
خرم این خاک ز دامان بهاران، فرخنده نوروز
خانه دل بتکان،گوبدرود به غم ،زن آتش در دلیار

چشمانت

جادوی‌چشمانت چیست
که با هر نگاه
هزاران گوهر را
به میهمانی زمرد نشان
پریان بهشتی فشاند

ورقص سماع حوریان
در زلال دیدگانت
عالمی را به وجدآورد..

دل و عقل و دین فدای یک نگاهت
خواهم که شعله ای شوم درآتش چشمانت
زین رقص بسوزم
درعشقت بگدازم

Your Eyes

What magic are you hiding behind your eyes
That with every glance they throw one thousand emeralds
To the jewelled feast of the heavenly fairies

And the Samaa dance of nymphs
In the pureness of your eyes
Would bring the world to joy

I'd give away my heart, faith and sanity
For one glance of yours

I want to become a flame in the fire of your eyes
Engulfed in this dance
Burning in your love

Memory

For years I have been tearful without knowing the reason
Maybe in memory of a melody
That, in a euphoric pause
Became a passenger in my veins
And they called it memory
A gift made of pure tranquillity

Who do you love young man?
What do you love? When you tie your eyes to my face
And claim that the story of my bare eyes
Has left you longing for years

Dawn is near
My heart, is in pieces...
And you young man
Be careful when you pick up the pieces
For they are sharp and sizzling with temptation
Like flames of fire

If I knew that one day my goblet of dreams
Would turn to fire drop by drop
And would burn in a valley of lost ambition
I would not add to it
I would perhaps give it away to the zephyr wind
So one night he would fly me to the highest of skies
On Soleilman's carpet
To the moon's feast
And land me on Narenj and Toranj's Tree
So I could become a fairytale
In the arena of history
Just like a firefly
Reading my stories to the desert cameleers
On one thousand nights

Oh moon, take me back to my land
I am begging you...take me back

خاطره

سالهاست به یاد آنچه نمیدانم چیست، اشک میریزم
شاید بیاد یک ترانه که در سکون رخوت مسافری شد
در رگهایم ونامش شدخاطره
ارمغانی از جنس آرامش مطلق

تو به که عاشقی؟ به چه عاشقی ای جوان؟
وقتی که نگاهت را به صورتم گره میزنی
و ادعای سالهاآشنایی با حکایت های چشمان عریانم
قرار را از تو ربوده
سحر نزدیک است...
قلب من اما
تکه تکه است

و تو ای جوان
مراقب دستهایت باش
وقتی تکه تکه های دل مرا جمع میکنی
تیز هست گوشه هایش
برنده..و داغ چون تراشه های آتش...
آه اگر میدانستم که روزی
جام رویاهایم قطره قطره آتش میشود
وشعله ور در دره ای از انبوه آرزو
من این بار رانمیافرودم
شایدمیسپردمش به باد صبا

که یک شب سوار بر فرش سلیمان
درست مانند یک شازده کوچولو
ببرد مرا به عرش
به میهمانی ماه
بر درخت نارنج وترنج فرود آرد مرا
که حکایتی شوم بر عرصه تاریخ
مانند یک کرم شبتاب در یک شب تاریک
که هزاران سال شب به شب
بر ساربانان بیابان قصه ها گویم
من را به سرزمینم بازگردان ای ماه ..آه ،مرا باز گردان

شرق یا غرب

از من پرسیدند شرق یا غرب؟
من دنیا را تابلو نقاشی و انسان‌ها را طیفی از رنگ‌های مختلف میبینم

زیست ما جشنی از رنگهاست
تفاوت‌های ما تعریف جلوه دنیاست

East or West

They asked me East or West?

I see the world as a painting canvas
And its people as colours

Our life is a feast of colours
Our diversity defines the world's beauty

بانوی شرقی

مینویسم از تو ماه بانوی شرقی
که سرو از صبرت
ماهتاب از رویت
و پریان بهشتی از نجابتت ، جمال خویش برنتابند
مینویسم از مادرانه هایت
که مستی عشقش
جهانی را برقص آورد
از زنگ صدایت
که حیات ارمغان آورد

با توخداحافظی نمیکنم
مولانای جان چه خوش سرود
"ماورای باورهای ما، ماورای بودن ونبودن های ما
آنجا دشتیست فراتر از همه تصورات راست و چپ. تو را آنجا خواهم دید"
تو را خواهم دید

Eastern Lady

I am writing for you, Eastern lady
Cedar is ashamed of you, for your patience
The moon ashamed of your face
And the heavenly nymphs are hesitant
To show their nobility when you are around

I write from your motherly love
The love that makes the universe dance in drunken love

I write from the melody of your voice
That invites life
I will not say farewell to you
Rumi said it best when he said

Out beyond ideas of wrongdoing and rightdoing
There is a field......I'll meet you there

I will meet you there...

Foreign Land

In which book did the chapter of our separation begin?
What story?
Maybe ever since we got trapped
In our bodies like cages
And time, space and distance
These thieves, stole away our wishes

What am I doing in this foreign land?
I do not understand them
This city suffers from a deadly silence
How unfamiliar!
I am afraid

I've shouted my silence time after time
But they don't hear
Yet, my soul is safe with you
So why this misery?
This melancholy?

Did you know
That at night
I drink away the sorrow of our separation
Sip by sip
And by dawn, it becomes a dew dedicated to the sea

What am I doing in this foreign land?
They do not understand my language
Here, glancing is only a meaningless word
They talk
But they don't see my eyes
They can't see that I've left my soul somewhere else

Time, space and distance
Chain down our wishes and ambitions
But dreams cannot be stolen
So let me drown in my world of dreams
For my dreams may be my only rescue
From this foreign land...

فصل دوری

در کدام‌کتاب ، قصه جداییم ز تونقش بست؟
از کجای داستان، فصل دوری آغاز شد؟
شاید از وقتی که جسم قفسی‌شد
و زمان و مکان و راه، این‌دزدان قافله
آرزوها را دزدیدند

مرا به این جماعت چه؟
من آنها را نمیفهمم
فضای این شهرگرفتار سکوتی مهیب است
چقدر نا آشناست!
میترسم

بارها سکوتم را فریاد زدم
ولی نشنیدند

ولی من که که روحم نزد تو امن است
دگراین ماتم چیست؟
این تمنا؟
خبر داری
که شبهاغم دوریت دررگهایم قطره قطره شراب میشود
وروزها، شبنمی نقش بر آب

مرا با این جماعت چه
آنها زبان مرا نمیفهمند
اینجا نگاه واژه ای سرد است
آنها با من حرف میزنند ولی نگاهم نمیکنند
نمیبینند روحم را جای دیگری جاگذاشته ام
زمان و مکان و راه
آرزوها را زنجیر میکنند ولی رویاها را که نمیتوان دزدید

پس بگذار در خیالم
بگذار در دنیای خیالم غرق شوم
که شاید خیال تنهاراه نجات باشد
زین غربت...

Blank

I like painting
Sometimes, you can unload the weight of the world on a canvas
Looking at the pains that impatiently turn into colourful form
Before your very eyes
Insatiable moments get created
Like the moment blood is injected into a yearning empty vein
Like fresh drops of water in a mirage-filled desert
Just like the meeting of two lovers
Like a feast after a fast

And sometimes, you stare at the canvas
The canvas desires you deeply
But you keep staring
You keep thinking deep in your silence
And the canvas is thirsty and so white
So empty
So blank

At these moments, silence becomes the heaviest entity in the
universe
The rotten smell of your body's dead cells tortures you
And you think of volumes
The volume that your body is occupying
That the lack of it would have filled with oxygen perhaps

What would define the lack of you?
And your existence… your bodily existence…
This half dead volume, consisting of millions of cells
Takes up the space of what other entity?…

Then you make a wish
That you could leave your skin
To take a few steps away
And then sit and watch yourself from far away
Then a few seconds of admiration?
Or doubt and contemplation?
Or maybe an escape?
An irreversible escape…

تجسم فرار

نقاشی را دوست دارم.
زمانی بار دنیا را از روی کوله ات، رها میکنی روی بوم نقاشی
به دردهایی نگاه میکنی که جلوی چشمانت تبدیل به نقش و رنگ می شوند
وبیصبرانه فرومیریزند روی بوم
لحظه هایی ساخته میشوند
درست مثل رسیدن خون به رگهای تشنه یک بیمار کم خون
مثل قطره های آب در بیابانی پراز سراب
مانندوصل یک عاشق و معشوق
مثل ضیافت یک افطار

گاهی هم ساعت‌ها‌به یک بوم سفید نگاه میکنی
از اونیاز واز تو تامل..
و از تو تفکرو پرسش
و از بوم سپیدی ..
تشنگی
و خلا

آن زما ن سکوت سنگینترین وزن دنیاست

بوی تعفن سلولهای مرده ای که جسمت حمل میکند آزارت میدهد
و به حجم فکر میکنی
حجم اشغال شده توسط جسمت
که با اکسیژن تازه پر می‌شد شاید..
نبودن تو دربودن چه چیزی خلاصه می‌شد؟
و بودن جسم تو،
نبودن چه چیزی را رقم زده است؟
این حجم وزین و نیمه مرده
متشکل از میلیونها سلول...
آرزو میکنی از جلد خودت بیرون‌بیایی
چند قدم دورتر بنشینی
و خودت رو از دور تماشا کنی
آنگاه چند ثانیه تحسین ؟
یا تردید و تامل؟
وشاید یک فرار
فراری بی بازگشت...

آفتاب می آید

آفتاب می آید
ذرات طلاییش رقص کنان، از لا بلای طره های مشک سانت
به گلهاسلام خواهند داد
به شبنمهای غلطان گلهای شقایق
بوسه خواهند زد
واز بازتابشان، دانه های هفتاد رنگ الماس
برقص آیند در آیینه زلال آفاق
خورشید خانم طلوع خواهد کرد...
آنگاه به زمین سلام میکند
گرمایش این خاک پاک را دوباره التیام خواهد داد...
که از دلش، نوای مادرانه عشق بجوش وخروش
روان شوداز خزر تا کارون
واین خاک پاک را وضوی عشق دهد
طاقت بیاور ...
توای خاتون سرزمین آفتاب
که قرنهاست برای خورشید خانملانه ای ساخته ای در قلبت

The Sun Will Rise Again

The sun will arrive
Then its golden rays will greet the blossoms
Through your aromatic locks
Kissing away the dancing dews on poppy flowers
Reflected in the mirror of the horizon
The purest dance of seventy colours through a diamond
The sun will rise again
It will greet the earth
Its warmth will heal this pure soil
From the heart of this land,
the most beautiful motherly love string will gush out
And flow from the Caspean sea to Karoon
To wash this beloved soil
Do not surrender
the lady of the sun...
You, whom has built a home for the sun in your heart
Lasting centuries

Prison

My prison
Is a cubicle of silence
Its floor is made of apathy
With a roof of lost ambition
I am chained down with monstrous and fearsome chains
The day they chained me
They knew I was gazing at the ceiling
That day, a deadly silence took over that diseased space
They chained me down
With a frightening chain
That I do not know what it was made of
Did they not know
That my wrists were too weak to survive?

Time went by
Each day, I stared at the ceiling with my eyes
That filled with blood by night
My bruised arms and legs
Turned as violet as the sunset
Just like an image in the sky's planetarium
Where the aimless birds pass by
The lump in the throat of confused lovers
The end of light

It became more violet
Such deep violet, yet crystal clear
In which I calmly drowned … and one day
The sky entered through the ceiling to meet me
That day I was dead in my skin
The stories of my sleepless nights had already ended
The chains were my best friends…

Suddenly, the sky howled
The chain screamed
Shrieking and wailing

All hungry and restless birds came to see me
Then they sang my story to the world…

قیل و قال کلاغی شد در یک روز پاییزی
رعد و برقی شد در آسمان
و گریه نوزادی که پس از تولد رها شد
زجه مادری شد در سوگ فرزندش

قصه ام از نسلی به نسل بعد سفرکرد..

سالها میگذرد
و هنوزقصه من از هر روز نقل میشود
و هر شب زنجیری نامرئی دستانی را غل و زنجیر میکنند

کبوترها خسته اند..

From that day my story became a hailing tornado
It became a crow's moan on an autumn day
It became thunder in the highest of skies
It became the tears of an abandoned newborn
Begging for her mother...

It became the screams of a mother mourning for her child...

My story travelled generation by generation

Years have gone by
And my story is being read every day
And every night
An invisible chain
Locks up a pair of hands

The hummingbirds are tired...

زندان

زندان من تار وپودش از جنس سکوت است
زمینش رخوت
سقفش را از آرزو ساختند
و زنجیرهایش عجیب وخوفناک
آنروز که غل وزنجیرم کردند
میدانستند به سقف چشم دوخته ام
آنروز سکوتی مهیب آن فضای مریض را فراگرفت
آنها به من زنجیر زدند
زنجیری خوفناک که نمیدانم از چه بود
میدانستند دستانم طاقت سنگینیش را نداشت؟
روزها گذشت
صبح ها چشمانم به سقف خیره ماند
و عصرهابه رنگ خون
خستگی دستها وپاهایم
به کبودی غروب شد
چون قاب عکسی نقش برافلاک
گذارپرنده های خسته و بی مقصد
گلوگیر عاشقان گیج
پایان قصه نور
کبودتر شد
کبودیش شفافتر شد
ومن قطره قطره در آن کبودی آرام شدم
غرق شدم و یک روز
آسمان از سقف زندان به دیدارم آمد
آنروز من در پوست خود مرده بودم
داستان شبهای بیداریم به پایان رسیده بود
زنجیر دیگرمونس دستانم بود
ناگهان آسمان غرید
زنجیر به سخن آمد
نعره ها سرگرفت
پرنده های آشفته و گرسنه به دیدارم آمدند
و قصه ام را برای عالم فریاد زدند

از آنروز قصه ام غرشی شد در طوفان

Forgiveness

The Angel said
Forgive them
The flower said
Have you ever met anyone more forgiving than my mother, soil?
On the day we were born
God kissed our young petals
And the dew of love dropped on the soil from our cheeks

Soil however, has such patience
One day human being was created from her
And since that day
What miseries soil has gone through
What sin and cruelty
For years she has just observed and suffered

How can one tolerate such volume of unjust?
Look how patient, calm and trustworthy she is
The skies, hailed in rage because of humankind...
And soil just smiled
And forgave

She held all that pain within
And instead grew green sprouts of love
And her daughters
Became solid noble mountains
That the universe had not seen
And on the day I was born,
This is how I learned how
To forgive everyone in advance...

How about my petals that are now torn?
Without them I feel cold
Dedicate them to the wind, the Angel said
Let them become a well wish for a lonely lover

For we are all passengers
And this journey takes an instant
Until dawn

بخشایش

فرشته گفت ببخشش..
گل گفت زین خاک ، مادرم، بخشنده تر دیده ای؟
روز تولدم، غنچه هارا یکی یکی
خدا بوسید
و شبنم عشق از گونه هایمان چکید
روی خاک

خاک...ولی عجب صبری دارد!
یک روز آدم آفریده شد از جنس او
و خاک زان روز
چه زجرها که نکشید...
و چه ماتمها، چه ظلمها که ازو ندید
سالها دید ورنجید
آسمان برای او بارید، گاهی از شدت خشم برآدم، بخود غرید
وخاک فقط خندید
وفقط بخشید...

چگونه این همه بار دردل توان گنجید؟
نگاه کن چه آرام و صبور و رازدار
سالها از دلش سبزی زندگی رویید
ودخترانش، کوههای استوار آمدند پدید
که زانها نجیبتر روزگار بخود ندید
و اینگونه بود که من در روز آفرینش، پیشاپیش همه را بخشیدم..

ولی گلبرگهای پر پر شده ام چی..
حالا دیگر بدون آنها سردم است
فرشته گفت بسپار به باد
بگذار آرزوی خیری شوند برای یک عاشق غریب
که همه مسافریم...

دمی است این سفر
تا طلوع دوباره آفتاب

جاودانگی

درین وادی، ما همه در یک حجم معلقیم
جنین هایی در رحّمی به وسعت کهکشانها
من وامدار آفرینش، درکشمکش های اسارت این تن پوشالی،بارها به خود باخته ام..
بخاک افتاده ام و هربار برخاستم و طرحی نو برانداختم..
وبسا که دگر بارشوم، مغلوب این جسم عاریه ای
ولی تا معجزه نور ازل ، خاستن و جنگیدن بود آیینم
چرا که حتی در قعر ظلمات،
چشمهایم آیینه منبع نوراست...

من و تو ذرات نور
رقص کنان، درراس حضور
دگر بار زاده شویم
وتولدما، اعجاز روشنایی
آغاز جاودانگی
وآرامشی بیکران خواهد شد

Eternity

We are all floating in one space
Embryos in a womb as big as the universe
I, the creditor of the creation
Have lost the battle, to this straw body, over and over again

I have collapsed to the ground
And each time I have risen
And started afresh
And yet if I get defeated again, by this body
I will rise again.....I will fight again
Since rebellion is my faith
In the deepest darkest night,
my eyes will reflect the source of light

Me and you dancing
In the centre of existence
Will be reborn
And our birth will create the miracle of light
The beginning of eternity
And an infinite tranquillity

Sleep

Tonight, whilst roaming aimlessly in the darkness of night
Loneliness is lashing me more viciously than ever
So give me the drug, the drug of sleep

Hello darkness!
Shine in my veins and with each drop
Fill my body with pure euphoria
So I can gaze at the moon kissed hedges whilst asleep
And dream about tomorrow
Whilst counting the primrose and geranium pots
In the sun's footsteps

At dawn,
The most fertile of the purest moments, open my eyes
So I can hold the dawn breeze with all my heart
And remember the freshness of this cleansed soil

Since my mind and
My soul
Have been occupied with remembering
The words that one day used to be
The most beautiful and
Tranquil happenings

I believe in the miracle of light…

خواب

امشب که تازیانه های غربت تنهایی
بیش از پیش
بجانم چنگ میزنند
بمن ده
نوش دارویی بنام خواب

ای تاریکی
در رگهایم قطره قطره بتاب
و تنم را پر کن از یک رخوت ناب
که در دنیای بیهوشی
خیره شوم به
پرچین های بوسه زده مهتاب
و در شمارش گلهدانهای شمعدانی و پامچال
تصور کنم فردا را
درگذار آفتاب

درسحر گاه
که آبستن ناب ترین لحظات زندگیست
چشمانم را بگشا
تا نسیم صبح را با تمام وجودم در آغوش کشم
و عطر تازه این خاک پاک را بجان ودل سپارم

چرا که ذهنم و جانم
سالهاست درگیر بیاد آوری الفاظی هستند
که روزی زنده ترین و زیباترین واقعه بودند

من به معجزه نور اعتقاد دارم

تکرار

تکرارتراکم لحظه های فرسوده است
چیزی شبیه به مومیایی کردن ثانیه ها
و چال نکردنشان

که شاید اگر از تکرار حذرمیکردیم،
لحظات مولدخاطره میشدند
وخاطره همیشه زنده است!

Repetition

Repetition is the weight of fatigued instants
Something like mummifying the seconds
And not burying them

Maybe if we avoided repetition,
Moments would conceive memories
And memories live forever...

Ecstasy

Tonight, before the moon uncovers her cotton cover
And caresses her charming rays,
Through the sky, to seduce the earth

Walk to me
Surrender your hands in mine
Embrace my gaze
Drink from the goblet of my eyes
Get drunk from the wine of my lips

And with every breath
Play your melody on the strings of my heart
Let the world dance from this drunken love

Set every sinew of my body on fire
Fill my goblet of existence with your wine of love
And hold my soul, do not let go

If we do not become one by dawn
Take my breath away

Saturate me with the divine glow of the dawn
Since rising drunken is our religion

Let us lose our wisdom, soul and mind
When we reach the top, we become one

وجد

امشب پیش از آنکه مهتاب
از پشت ملحفه ابر ها
دلبرانه هایش را در حیاط خانه پهن کند

توبیا کنارم
دست‌هایت را بسپار به دستانم
بکش نگاهم را در آغوش
و از قدح چشمانم
بنوش و بنوش

مست شو از شراب لبهایم
وملودی نفسهایت را
باتار های قلبم بنواز

بگذار مستانه برقصد عالمی
زین سازو آواز

آتش بکش به بند بند تنم
پیاله وجودم را سیراب کن از شراب عشقت
و روح مرا در بر گیر

و اگر تا سپیده دم یکی نشدیم
با طلوع آفتاب ،نفس مرا بگیر

سیرابم کن ازین جام سحر گهی که مستی
آیین سبوکشان بود،محفل مامهرپرستی

بگذار که قلب و هوش ودستار ببازیم
آنگه که شویم من و تو ما، دراوج هستی

Rescue

Save me from myself
And possess me
Break me free from my body
From this battle

Withdraw me from myself
From the conflict of my physique
And put me on your wings

Fly away to infinity
Breezy and blithe
Separate me
From this fear and paralysis
From my midnight wail
Destroy these gloomy days of mine
Take me to a place where I can cry my lonely nights forever
Without fearing shadows
Attach my tears high to the sky

So their glowing charm
Melts the darkest of dark

Or else, silence me
Hug my ears
Ponder my eyes
Drink my lips, then

Take my breath away sip by sip...
Live my every breath
Breathe my breath
Live my life

نجات

نجاتم بده
از خودم دورم کن
وبه خودت بسپارم
مرا از خودم رها کن

ازین جدال
مرا از خودم جدا کن
ازکشمکش های تنم نجاتم ده
و به بال‌هایت بنشان
پر بکش به بیکران
سبک بال و آرام

دورم کن زین رخوت و هراس
زین ناله های شبانه
روزهای تاریکم را نابود کن

مرا ببر به جایی که شبهای تنهاییم را تا ابد گریه کنم
بدون هراس از سایه ها

اشک‌هایم را ستاره کن
بچسبان به اعماق آسمان بیابان
که دلبریهایشان تاریک‌ترین ظلمات را در خود ذوب کند

یا که خاموشم کن
گوش‌هایم را به آغوش بگیر
چشمانم را بخوان
لب‌هایم را بنوش
و سپس جانم را جرعه جرعه بگیر

بعد ازآن تک تک نفسهایم را زندگی کن
تک تک نفسهایم مال تو
جانم ازان تو

Hold My Hands

Hold my hands
Take me to a place
Where my soul
Will not get trapped in the cage of eyes

Take me to a place
Where kindness is not conditional
A land where flying is not limited to birds

Their eyesight
These trapped looks in cages
Their looks harass me

In those green, blue and black irises
All I see is the darkness of greed
The blood-soaked envy

How do they not realise
They have been deaf and blind for years?

Why is there no light in this barren wasteland?
Why doesn't someone light a candle?

This city is overtaken by the rotten smell of lust for greed and
power

Let us move to a different city
And take off this attire
And if the road is dark and the destination long
Me and you will become one
And light the way with fire

دستهایم را بگیر

دستهایم را بگیر
مرا به جایی ببر که مرز های روح به قفس دیدگان این مردم محدودنباشد
مرا به جایی ببر که محبت مشروط نباشد
دیاری که پرواز فقط مختص پرنده نباشد

دیدگان
این نگاههای اسیردر قفس
چشمها یشان آزارم می‌دهد
از آن عنبیه های سبز و سیاه و آبی
چرا من فقط تاریکی وخونابه آزوحسد میبینم..؟

آنها چطور نمیدانند سالهاست کورند و کر
چرا این بیراهه برهوت را نوری نیست
چرا کسی حتی یک شمع روشن نمیکند؟

این شهر بوی تعفن شهوت زروزور میدهد

بیا زینجا ره شهری دگر در پیش گیریم
واین رخت ازتن برکنیم
وگر تاریک بود ره و مقصد دراز
من و تو ما میشویم و راه را با شمع روشن میکنیم

اسیر

روزی که به اسارت گرفت جسم ما را
ازل با روحمان پیوند بست
پرتوی عشق را با رنگ های هوس در آمیختند
و فضا را آکنده کردند از حجم

اسیران خوب
اسیران محکوم
اسیران مظلوم
را تا بود عاقبت هم آغوشی نور ازلی،اسارت را چه باک؟

Captive

The day our body trapped our soul
Eternity wed our spirit
They mixed rays of love with colours of lust
And filled the air with objects

The good prisoners
The convicted prisoners
The helpless prisoners
Need not fear

For they will eventually make love
With the light of eternity

I Love You

Nowadays, all melodies remind me of you

The most beautiful piano pieces
Rays of sunlight through leafy trees

Chords of the ocean waves
Reflection of the sunrise on the sea

The tender beach breeze
Singing birds of passage
The most beautiful scenes

These all remind me of you
Of how much I yearn for you!
How much I love you…
How beautiful is this love?

I love you!
I am in love with you..

I know, we may never get to meet here, but
Maybe I love this desire
This yearning for you, even more than you…

دوستت دارم

این روزها تمام ملودی ها، من را یاد تو می اندازند
زیباترین قطعه های پیانو
تلألو اشعات آفتاب از لابلای برگ درختان

صدای امواج اقیانوس
انعکاس طلوع خورشید بر دریا
نسیم آرام ساحل
آواز پرندگان بازگشته از سفر
زیباترین پدیده ها

همه اینهامن را یاد تو می اندازند
به یاداین که چقدر میخواهمت

چقدر دوست دارمت
آه ..این خواستن چقدر زیباست

دوستت دارم
من تو را دوست دارم...

میدانم که شاید اینجا نبینمت.. اما گویی...شاید
این خواستن را از ملاقات با تو
این خواستن را از خودت حتی، بیشتر دوست دارم..؟

My Lost Love

I have lost my lover
Behind the glass marbles of your black eyes
Behind the guitar strings
In Grandad's wooden gramophone case
And in the rainbow of the stained-glass windows of Grandma's
house

In the hot wind of Shahin Shahr summers
In the aroma of the Amin-Adaulleh Jasmine
Or the magic of the Shiraz spring blossoms
And inside a little prince's dream bubbles

In the hope of finding her
Every day I go to the battle of life
Armed with a pen, colours and light
And every night I beat the drum of love

I am the centre of the universe
You are the light, you are the prayer

From us, the truth of this world will remain a secret

Pour the wine of love, since
Dancing drunk in concealment
Is all we need on this sphere

گم گشته

گم گشته ای دارم

آنطرف شیشه های چشمان سیاهت
پشت سیم های گیتار
در جعبه چوبی گرامافون پدربزرگ
دررنگارنگ ارسی های اندرونی خانه مادربزرگ

در باد داغ تابستانهای شاهین شهر
در ترنمیاسهای امین الدوله وجادوی بهار نارنج شیراز
ودرحبابهای رویاهای یک شازده ی کوچولو

در آرزوی یافتنش
هرروز با قلم ورنگ و نور، میروم به جنگ روزگار
و هر شب میکوبم برطبل عشق

نقطه پرگار منم
نور تویی ذکرتویی
راز جهان زما نهان
تو می بریز که مکتفی
مستوری ومستی
در دایره هستی

MIRACLE

OF

LIGHT

معجزه نور

Maryam Howe